MW01174854

Mes premiers mots de science

DES MOTS DES PLANTES

COLLECTION CRABTREE
« LES JEUNES PLANTES »

Taylor Farley

CRABTREE
PUBLISHING COMPANY
WWW.CRABTREEBOOKS.COM

plantes
(PLANT)

graines
(GRÈN)

sol
(SOL)

racines
(RA-sin)

tige
(TIJ)

feuille
(FEUY)

fleur
(FLEUR)

pétale
(PÉ-tal)

fruit
(FRUI)

lumière du soleil
(lu-myer du So-lèy)

eau

(O)

Glossaire

eau **(O)** : L'eau est un liquide qui est incolore. Les plantes et les animaux ont besoin de l'eau pour vivre.

feuille **(FEUY)** : Une feuille pousse d'une tige, d'une petite ou grosse branche. Les feuilles utilisent le soleil pour nourrir la plante.

fleur **(FLEUR)** : Une fleur est la partie colorée d'une plante.

fruit **(FRUI)** : Le fruit est la partie charnue et juteuse de la plante. Les fruits contiennent des graines.

graines **(GRÈN)** : Les graines sont les parties de la plante qui contribuent à faire pousser de nouvelles plantes.

lumière du soleil (lu-myer du So-lèy) : Comme son nom l'indique, la lumière provient du soleil. De nombreuses plantes utilisent la lumière du soleil pour transformer leur nourriture.

pétale (PÉ-tal) : Un pétale est une des parties extérieures d'une fleur.

plantes (PLANT) : Les plantes sont de la matière vivante. Plusieurs plantes proviennent des graines et ont des tiges, des racines, des feuilles et des fleurs.

racines (RA-sin) : Les racines sont les parties de la plante qui grandissent sous la terre. L'eau voyage des racines vers la tige de la plante.

sol (SOL) : Le sol est composé de saleté et de terre. Différents types de plantes poussent dans le sol.

tige (TIJ) : Une tige est la partie longue et principale de la plante. Les feuilles et les fleurs poussent à partir de la tige.

Soutien de l'école à la maison pour les gardien(ne)s et les enseignant(e)s.

Ce livre aide les enfants à se développer grâce à la pratique de la lecture. Voici quelques exemples de questions pour aider le(a) lecteur(-trice) à développer ses capacités de compréhension. Des suggestions de réponses sont indiquées.

Avant la lecture

- Quel est le sujet de ce livre? Je pense que ce livre parle des plantes. Il pourrait me renseigner sur la façon dont les plantes poussent.
- Qu'est-ce que je veux apprendre sur ce sujet? Je veux en savoir plus sur les différentes parties d'une plante.

Durant la lecture

- Je me demande pourquoi... Je me demande pourquoi le melon d'eau ou pastèque pousse à la surface du sol.
- Qu'est-ce que j'ai appris jusqu'à présent? J'ai appris que les racines, la tige, la feuille et les pétales font partie d'une plante.

Après la lecture

- Nomme quelques détails que tu as retenus. J'ai appris que les plantes ont besoin de la lumière du soleil et de l'eau.
- Écris les mots peu familiers et pose des questions pour mieux comprendre leur signification. Je vois le mot *sol* à la page 6 et le mot *fruit* à la page 18. D'autres mots du vocabulaire se trouvent aux pages 22 et 23.

Crabtree Publishing Company

www.crabtreebooks.com   1–800–387–7650

Version imprimée du livre produite conjointement avec Blue Door Education en 2021.

Contenu produit et publié par Blue Door Publishing LLC dba Blue Door Education, Melbourne Beach Floride É.-U. Copyright Blue Door Publishing LLC. Tous droits réservés. Aucune partie de ce livre ne peut être reproduite ou utilisée sous quelque forme ou par quelque moyen que ce soit, électronique ou mécanique y compris la photocopie, l'enregistrement ou par tout système de stockage et de recherche d'informations sans l'autorisation écrite de l'éditeur

Photographies : page 1 ©istock.com/ vicvic13 ; photo page 3 © shutterstock.com/Artorn Thongtukit; illustrations pages 4 and 6 © shutterstock.com/aekikuis; photo page 5 © shutterstock.com/Lisa F. Youn, photo page 7 © shutterstock.com/domnitsky, illustrations pages 8, 10, 12 © shutterstock.com/Glasscage; photo page 9 © shutterstock.com/Kobkit Chamchod; photo page 11 © shutterstock.com/Lotus Images; illustration page 13 © shutterstock.com/Designua, photo page 13 © shutterstock.com/Romolo Tavani; illustration page 14 © shutterstock.com/BlueRingMedia; photo page 15 © shutterstock.com/Naruto_Japan123, illustration page 16 © shutterstock.com/sersupervector, photo page 17 © shutterstock.com/plampy; illustration page 18 © shutterstock.com/Mr Escape, photo page 19 © shutterstock.com/tchara; illustration © 31moonlight31, page 21 © shutterstock.com/PHOTO JUNCTION ; page 22 illustration ©Kolonko, page 23 © shutterstock.com/dugdax Back cover ©istock.com/ vspn24

Imprimé au Canada/042021/CPC

Auteur : Taylor Farley
Coordinatrice à la production et technicienne au prepress : Samara Parent
Coordinatrice à l'impression : Katherine Berti
Traduction : Claire Savard

Publié au Canada par Crabtree Publishing
616 Welland Ave.
St. Catharines, ON
L2M 5V6

Publié aux États-Unis par Crabtree Publishing
347 Fifth Ave
Suite 1402-145
New York, NY 10016

Catalogage avant publication de Bibliothèque et Archives Canada

Titre: Des mots des plantes / Taylor Farley.
Autres titres: Plant words. Français.
Noms: Farley, Taylor, auteur.
Description: Mention de collection: Mes premiers mots de science | Collection Crabtree "Les jeunes plantes" | Traduction de : Plant words. | Traduction : Claire Savard. | Comprend un index.
Identifiants: Canadiana (livre imprimé) 2021016820X | Canadiana (livre numérique) 20210168277 | ISBN 9781427136930 (couverture souple) | ISBN 9781427137616 (HTML) | ISBN 9781427150783 (EPUB)
Vedettes-matière: RVM: Plantes—Terminologie—Ouvrages pour la jeunesse. | RVM: Botanique—Terminologie—Ouvrages pour la jeunesse.
Classification: LCC QK49 .F3714 2021 | CDD j580—dc23